김종화의
글쓰기 Tip

■ 책머리에

글쓰기에 도전하는 이들에게

예전과 달리 기대수명이 늘어나다 보니 삶에 여백도 늘어났다. 그래선지 글쓰기에 도전하는 사람도 늘고 있다. 그러한 연유로 다양한 글쓰기 교실이 운영되고 있다. 그 대상도 다양하다. 특히 팔순을 훌쩍 넘긴 노인들만 해도 상상을 초월한다.

아무리 나이가 많아도 자신이 하고 싶은 일을 하며 살아야 한다. 그것이 아무 생각 없이 하루를 보내는 것보다 훨씬 가치 있는 일이다.

최근에 새롭게 글쓰기를 시작하는 이들을 위해 출판되는 책만 해도 거론하기 힘들 정도다. 그런 책들이 넘쳐나다 보니 자신에게 맞는 책을 선택하는 것도 쉽지가 않다.

물론 저자는 쉽게 썼다고 하지만, 막상 이를 활용하는 초보자 입장에서는 그 마저도 어려운 게 현실이다. 이를 위해『김종화의 글쓰기 Tip』이라는 포켓용 책자를 출간한다. 이는 독자들의 성원에 대한 보답이라 해도 좋을 성 싶다. 이 소책자는 글을 쓰는 이들에게 꼭 필요한 내용 위주로 정리하여 누구나 쉽게 활용할 수 있도록 했다. 모쪼록 이 책이 글을 쓰는 이들에게 마중물이 되었으면 좋겠다.

저자 김종화

■ 추천사

독자들의 입맛에 맞는 책

좋은 책이란 독자들의 구미口味에 맞는 책이다. 하루에도 수많은 책이 쏟아져 나오지만 그런 책과 만나기란 쉽지 않다. 나 역시 많은 책을 출판出版하고 있지만, 다 좋은 책이라고 할 수는 없다.

이러한 인식의 연장선상에서 이번에 김종화 작가가 출간하는 『김종화의 글쓰기 Tip』은 글을 쓰는 사람이라면 누구를 막론하고 환영하지 않을까 싶다.

이 책은 어려운 이론은 빼고 글을 쓸 때 한번쯤 고민해 보았을 내용위주로 꾸몄다. 그러다 보니 그 대상에 관계없이 누구나 읽으면 쉽게 이해할 수 있다. 그것이 이 책의 장점이자 매력이다. 더욱이 이 책은 포켓용 소책자로 제작되어 언제 어디서나 장소에 구애받지 않고 간편하게 읽고 참조할 수 있다.

아무리 책을 잘 읽지 않은 시대라 해도 좋은 책은 읽히게 마련이다. 책의 가치는 독자들이 말해준다. 예컨대 소문난 맛집은 아무리 교통이 불편해도 사람들이 찾아간다. 이처럼 좋은 책도 마찬가지다. 굳이 홍보를 하지 않아도 자연스럽게 입소문을 통해 알려진다.

앞으로 『김종화의 글쓰기 Tip』이 글공부를 하는 이들에게 행복한 길잡이가 되었으면 좋겠다. 가격이 저렴하고 휴대하기 간편한 이 책자가 글을 쓰는 이들에게 큰 도움이 되길 기대하면서 조심스럽게 이 책을 추천하다.

발행인 임수홍

■ 목차

- 책머리에 · 2
- 추천사 · 4

하고 싶은 글쓰기

- 글쓰기, 정년은 없다 · 13
- 글쓰기를 망설이는 당신에게 · 18
- 다시 시작하기에 늦은 나이란 없다 · 22

글쓰기 Tip

글쓰기 Tip · 29

Tip 1. 글은 쉽게 써라 · 31

Tip 2. 문장은 짧게 써라 · 34

Tip 3. 디테일하게 써라 · 37

Tip 4. 단락에는 하나의 생각만 담아라 · 40

Tip 5. 현재시제를 써라 · 44

Tip 6. 고치고 또 고쳐라 · 47

시작과 끝이 중요하다

시작은 이렇게 · 53

마무리도 이렇게 · 55

수미상관首尾相關 · 57

최고의 글쓰기

어떤 글이 좋은 글인가 · 63

글, 이렇게 써라 · 66

글을 쓸 때 알아두면 좋은 점 · 69

좋은 수필쓰기

좋은 수필쓰기를 위한 조건 · 75

합평合評

합평合評 이렇게 하라 · 83

■ 목차

문장 부호

문장 부호 바로 알기 · 89

01. 마침표 · 89

02. 물음표 · 90

03. 느낌표 · 91

04. 쉼표 · 92

05. 가운뎃점 · 95

06. 큰따옴표 · 95

07. 작은따옴표 · 96

08. 겹낫표, 겹화살괄호 · 97

09. 홑낫표, 홑화살괄호 · 97

10. 물결표 · 98

11. 줄임표 · 98

좋은 수필 예시

아버지, 그 이름의 무게 · 103

기사 쓰기
기사 이렇게 써라 · 115
준비가 필요하다 · 116
시작이 중요하다 · 117
기사, 소재발굴에서 시작한다 · 117
쉬운 글로 써라 · 118
필요한 내용만 담아라 · 119
사실을 조작하지 마라 · 120
이렇게 써라 · 121
기사는 두 가지다 · 122
구성은 어떻게 하나 · 124
유의해야 할 사항 · 125

기사 쓰기 예시
스트레이트 기사 · 129
피쳐기사
  - 포토뉴스 · 132
  - 칼럼 · 133

하고 싶은 글쓰기

글쓰기, 정년은 없다

 할 수 없는 일이 많아진다는 것은 그만큼 나이를 먹었다는 증거다. 그럴 때면 가슴이 먹먹해 진다. 노인으로 살아야 한다는 사실을 받아들이는데 시간이 걸리겠지만, 결국 현실을 외면할 수는 없다. 그렇다고 절망하거나 포기해서도 안 된다. 지금까지 열심히 살아 왔듯이 앞으로도 그렇게 살면 된다. 할 일이 줄었다고 흔들릴 필요가 없다. 그럴수록 해야 할 일을 찾아 나서야한다.

 멈추면 죽음뿐이다. 움직이고 변하는 것은 생명을 가진 자의 본능이다. 변화하려는 것은 자신에 대한 책임감이고 열정이자 애정이다. 설령 그 변화가 잘못된 결과를 가져온다 해도 손가락질 받을 일이 아니다. 아무것도 하지 않으면 아무 일도 일어나지 않는다. 새로운 일에 대한 도전이 두렵다면 그냥 그렇게 살면 된다. 그럴 경우 후회라는 달갑지 않은 단어를 동반하게 될지도 모른다. 변화는 두렵고 어려운 일이지만 삶에 활력을 주는 건 틀림없다. 다만, 자신이 지금 하려고 하는 일이 진짜 원하는 일인지 심사숙고해야 한다.

그럼에도 더 나은 미래를 위해 기꺼이 무릅써야 할 일이 있다. 그것이 미래에 대한 투자다. 살아온 삶을 바꿀 수는 없지만, 앞으로의 삶은 내가 원하는 대로 바꿀 수 있다. 원하는 바를 계획하고 실천하는 일이야말로 내가 풀어나가야 할 숙제다. 해야 할 일이고, 하고 싶은 일인데도 결심하는 데 시간이 걸리는 것은 자신이 늘 해오던 익숙한 일이 아니기 때문이다. 앞으로 자신에게 주어진 삶을 잘 살아보고 싶다면 간절함을 담아내야 한다. 그 절박함이 일을 추진하는데 가장 성능 좋은 에너지가 된다. 많이 망설이고 미루다 결정을 했다면 고민하지 말고 몰입하자.

자신의 삶에 변화를 추구하는 것이 바로 글쓰기다.

그런 삶을 추구하다 보면 서서히 변하는 자신의 모습과 가까이 할 수 있지 않을까. 의지는 바람과 같아서 행동이 뒷받침 되지 않으면 아무 소용이 없다. 자신을 얽매여 왔던 껍질을 과감하게 벗어 던져야 한다. 온갖 유혹의 손길과 마주하더라도 일단 시작했으면 도를 닦는 수도승처럼 매일 조금씩 실천해야한다. 살아온 날이 처절하지 않았던 적이 있었던가. 그 처절함이 지금의 나를 만들었다. 글을 쓰다 보면 익숙한 풍경도 다른 시각으로 보게 된다. 처음부터 잘 되지 않는다고 힘들어 하지 말고, 두려워하지도 말자. 그 고비만 넘기면 새로운 세상이 펼쳐진다. 지금까지 해오던 대로 그 길을 가면 된다. 중요한 것은 글쓰기도 하나의 놀이라는 생각으로 부담 없이 해야 한다.

  몇 해 전에 아흔 둘이 되신 할머니의 등단을 도와 드린 일이 있다. 등단 소감을 말하는 자리에서 할머니는 "나이를 먹다보니 설렐 일이 없습니다. 그런데 요즈음 내 가슴 속에 큰 파도가 출렁이고 있습니다." 며 행복해 하셨다. 이처럼 아무리 나이가 많아도 자신이 하고 싶은 일을 하는 것이 행복이다.

이처럼 글쓰기는 누구나 할 수 있다. 아무리 나이가 많아도 걸림돌이 되지 않는다. 글을 쓰는 것은 설레는 일이다. 지난 세월 삶의 흔적을 글로 적어 보는 것도 새로운 삶을 사는 것이다. 그렇게 하기 위해서는 변해야 한다. 변하지 않고 할 수 있는 일은 아무것도 없다.

내가 강의하고 있는 글쓰기 교실에 열다섯 명의 수강생이 있다. 그 중에서 여든 살이 넘는 수강생이 네 명이나 된다. 그렇게 열정적일 수가 없다. 그중에서 세 명이 등단하고 한 명이 등단을 위해 열심히 글을 쓰고 있다. 자신의 삶에 열정을 담아내는 그들의 모습이 참으로 아름답다.

어렸을 때만 해도 노인들은 담뱃대 꼬나물고 뒷짐을 진 채 마을을 어슬렁거리며 무위도식했다. 하지만 지금은 아무리 나이가 들어도 자신이 하고 싶은 일을 찾아서 하는 시대가 되었다. 노인이라는 갑갑한 틀 속에 자신을 가두지 말자.

　하루에도 수많은 정보의 홍수 속에 살면서 그 흐름을 따라가기도 벅차다. 그러다 보니 설자리가 없다. 정년이라는 걸림돌이 사사건건 발목을 잡고 있다. 정년이 없는 건 글쓰기뿐이다. 아무리 나이가 들어도 정신 건강만 뒷받침 되면 아무런 문제가 되지 않는다. 치매 예방에도 도움이 되는 글쓰기는 노인들에게 최고의 취미생활이 되고 있다. 정년 없는 세상, 그 설렘 속으로 들어가 보자.

글쓰기를 망설이는 당신에게

'글은 마음을 찍는 사진이다'라는 말이 있다. 자신의 마음을 사진으로 찍어보려면 글을 써야 한다. 행여나 그럴 의향이 있다면 이 글을 끝까지 붙들어라.

나이테가 늘어갈수록 삶이 느슨해 지고 일에 대한 의욕도 떨어진다. 그러다 보니 변화에 둔감해 진다. 그 만큼 자신이 할 일이 줄어든다는 말이다. 변화에는 반드시 진통이 따른다. 그래서 사람들은 변화보다 삶에 도움이 되지 않은 안주安住를 택한다. 변화에 대한 열망은 자신의 삶에 대한 촉진제이자 희망이고 애정이다. 익숙한 것과 결별하지 않으면 삶에 생명력을 불어넣을 수 없다.

살아온 삶을 바꿀 수는 없지만, 앞으로 내게 남겨진

미래는 얼마든지 바꿀 수 있다. 매일 새로운 일을 배우고 그 삶에 적응해 간다는 사실 하나만으로도 대단히 뜻깊은 일이다. 살아가는 방식도 긍정적인지 부정적인지, 능동적인지 수동적인지에 따라 그 결과는 달라질 수 있다.

지금 자신의 삶에 만족할 수 없다면 새롭게 판을 짜야한다. 내가 결심한 일이 해야 할 일이고, 하고 싶은 일인데도 망설이는 것은 늘 해온 일이 아니기 때문이다. '망건 쓰다 장場 파한다.'는 말이 있다. 기회는 당신만을 기다려 주지 않는다. 쓸데없는 생각으로 시간을 보내다 결국 좋은 기회를 놓치고 만다.

글쓰기에 입문하고자 하는 사람 중에는 결심하고도 쉽게 시작하지 못하는 이들이 있다. 수없는 갈등과 망설임으로 아까운 시간만 죽인다. 바보들은 항상 결심만 한다. 최소한 결심만 하는 바보는 되지 말자.

모든 일이 결심으로 끝나고 더 이상 행동으로 이어지지 않으면 변화가 생길일이 없다. 결심을 머릿속에

가둬 두는 건 아무런 의미가 없다. 결심했으면 당장 시작해야 하는 이유가 여기에 있다. 결심과정에서 많은 생각과 망설임을 거쳤는데 꾸물댈 이유가 어디에 있는가. 이제 더 이상 의미 없는 생각으로 기운빼지 말고 당장 시작하자.

글쓰기는 앞으로 당신이 더 나은 삶을 위해 기꺼이 무릅써야 할 일이다. 글쓰기만큼은 꼭 해봐야겠다는 결단력을 가진 사람에게는 반드시 기회가 온다. 글을 쓰다보면 표정도 바뀌고, 옷차림도 바뀌고, 태도도 바뀐다. 뿐만 아니라 시간과 함께 변하고, 인내와 함께 발전하고, 독서와 함께 마음이 윤택해진다. 이외에도 소통하는 능력이 세련되고, 사람과의 관계망이 유연해지고, 마음의 근육도 튼튼해지면서 생활에 자신감이 생긴다. 서서히 내가 다른 사람이 되어간다. 자신이 그토록 만나고 싶었던 진정한 자신을 만날 수 있다.

내가 작가로 살아온 지난 30여 년 동안 글쓰기를 후회하는 사람은 한 사람도 보지 못했다. 일반인에 비해

치매에 걸린 사람도 거의 없다. 글을 쓰는 행위는 마치 치매 예방약을 복용하는 거나 마찬가지다. 이것이 바로 글쓰기의 힘이다.

안된다고 세상을 탓하기 이전에 내가 먼저 변해야 한다. 무슨 일이나 간절한 마음으로 접근하면 강한 기운이 생성된다. 느슨하면서도 긴장감을 유지하되 조급하게 서둘지 말고, 내가 선택한 글쓰기에 올인 해보자. 지금 우리에게 남아있는 날들이 얼마나 귀한 시간인데 아무 생각 없이 소일해야 하는가?

앞으로 글쓰기를 내 인생을 이끌어갈 도구로 삼는다는 생각으로 도전해 보자. 대충하는 건 하나마나다. 진정 당신이 원하는 일이라면 강한 의지를 갖고 부딪쳐서 뛰어 넘어라. 근성을 가지고 끈질기게 물고 늘어지다 보면 자신이 원하는 답을 얻을 수 있다. 그때 내 마음의 사진을 찍어보자. 자신이 얼마나 달라졌는지….

다시 시작하기에
늦은 나이란 없다

 작금의 사회 환경은 우리가 미처 예측하기 힘들 정도로 빠르게 변하고 있다. 그럼에도 사람들은 항상 그대로 이기를 원한다. 그럼에도 삶 곳곳에서 예기치 못한 다양한 상황이 수없이 많은 결심을 부추긴다. 그러나 어리석은 사람들은 항상 결심만 할 뿐 행동은 하지 않는다. 그런 사람들은 자신이 걸어왔던 익숙한 길만 고집한다. 그러다 보니 세상과 적당히 타협하면서 자신도 모르게 그날이 그날인 삶에 길들어 간다.

 뜨거운 물속에 갑자기 개구리를 집어넣으면 깜짝 놀라 뛰쳐나오지만, 미지근한 물속에 넣고 서서히 가열하면 자신이 죽는 줄도 모르고 죽음의 나락으로 떨어지고 만다. 우리 주변에는 이미 그러한 개구리가 된 사람들이 있다. 자신도 모르게 익숙한 것에 빠져들면 누구나 도태되기 십상이다. 이는 타성에 젖어 사는 사람들에게 경종을 울리는 메시지다.

나이를 먹는다는 것은 매너리즘에 빠져 산다는 말과 일맥상통一脈相通한다. 그래서 나이가 많아질수록 새롭게 시작하는 일에는 관심이 없다. 그들의 삶은 마치 식물인간이나 다름없다. 그냥저냥 생각 없이 되는 대로 사는 것은 인간의 삶이 아니다. 그런 삶으로는 열정을 담아낼 수도, 희망을 찾을 수도 없다.

우리 사회가 고령 사회로 진입하다 보니 과거보다 이모작 인생이 길어지고 있다. 그저 아무 생각 없이 살아가기에는 너무 많은 세월이 기다리고 있다. 주체하기 힘들 정도로 넘쳐나는 시간을 활용하지 못하면 황혼의 낙오자가 되어 삶에 상실감을 가져올 수 있다.

우리 속담에 '소 잃고 외양간 고친다.'는 말이 있다. 물론 소를 잃기 전에 외양간을 고쳐야 하지만, 대다수 사람은 소를 잃기 전에는 외양간을 고치려 하지 않는다. 그 이유도 지금까지 살아온 삶처럼 앞으로도 그렇게 진행될 거라는 안이한 타성 때문이다.

　최소한 사람은 지금까지 익숙해 왔던 것들과 남들이 그래야만 한다고 생각하는 것에 자신의 인생을 맡기는 우愚를 범하지 말아야 한다. 그러한 어리석음에서 탈피하기 위해 자신의 발목을 잡아왔던 매너리즘과 작별할 수 있어야 한다. 그러기 위해서는 새롭게 시작해야 한다. 그러한 인식의 연장선상에서 볼 때, 나이가 많아도 할 수 있는 게 바로 글쓰기다. 글쓰기를 통해 자신의 삶을 반추해 보는 것도 의미 있는 일이 되지 않을까 싶다.

　아무리 보잘 것 없는 일이라 해도 새롭게 시작하는 일에는 용기가 필요한 법이다. 무슨 일이나 철저하게 준비하고 출발하면 그 시작은 좋은 결과로 이어진다. 그래서 사전 준비와 한번 해봐야겠다는 용기는 희망찬 미래를 무지갯빛으로 채색해 준다.

팔십 여섯이라는 적지 않은 나이에 그림 그리기에 입문하여 2년도 안 돼 전시회에서 자신의 그림이 팔렸다며 기분 좋아하던 김옥순 할머니의 아름다운 삶에 박수를 보낸다. 그리고 아흔 둘에 시詩로 등단하고 아흔다섯에 직접 그린 그림과 시를 접목하여『아흔 다섯의 그림낙서』라는 시화집을 냈다.

이처럼 새롭게 출발하는데 너무 늦은 나이란 없다. 늦었다고 자책하기 이전에 결심이 섰다면 지금 바로 글쓰기를 시작하면 된다. 물론 그 선택에 대한 책임도 자신의 몫이다. 그래서 신중하게 선택해야 하지만, 결심이 섰다면 그 시작은 빠를수록 좋다.

자신에게 주어진 삶을 아무 생각 없이 보내기엔 우리네 인생은 너무 소중하다. 늦었다고 자책하기 전에 자신이 하고 싶은 일을 해야 하는 이유가 여기에 있다. 앞으로 자신에게 남아있는 시간이 얼마이든 간에 다시 시작하기에 너무 늦은 나이란 없다는 걸 느끼면서 살았으면 좋겠다.

글쓰기 Tip

글쓰기 Tip

작가라면 글쓰기가 쉽지 않다는 걸 안다. 오직 했으면 글쓰기를 산고産苦의 고통에 비유했을까. 그럼에도 글을 많이 쓴 작가들은 자신만의 글쓰기 노하우를 가지고 있다.

프로 작가들이 가지고 있는 노하우를 자신의 것으로 소화해 낼 수 있다면 글을 쓰는데 많은 도움을 얻을 수 있다. 내가 글을 쓰면서 느낀 여섯 가지 팁을 여기에 소개한다.

글을 쓸 때 이곳에서 털어놓은 여섯 가지만 놓치지 않는다면 최소한 죽은 글은 쓰지 않는다는 오명汚名은 듣지 않을 것이다. 물론 글쓰기 팁은 글을 쓰는 사람이라면 많이 들어본 이야기 일 수도 있다.

글쓰기 Tip

Tip 1. 쉽게 써라

Tip 2. 짧게 써라

Tip 3. 디테일하게 써라

Tip 4. 단락에는 하나의 생각만 담아라

Tip 5. 현재 시제를 써라

Tip 6. 고치고 또 고쳐라

    그럼에도 강조하는 것은 다른 것은 다 놓치더라도 이것만은 놓치지 말라는 의미로 받아들여 좋으면 좋겠다. 글을 쓰다보면 몰라서 놓치는 경우도 있지만, 아무생각 없이 글을 쓰다 놓치는 경우가 대부분이다.

Tip 1. 글은 쉽게 써라

글을 쓰는 사람이 가장 심각하게 범하는 오류는 문장을 화려하게 치장하는 것이다. 화려한 문장은 쉬운 글과는 괴리감乖離感이 있다. 글을 쓰는 사람이 주의해야 할 점은 바로 어려운 개념을 쉽게 풀어쓰는 일이다. 그것이 글을 잘 쓰는 비결이자 독자와 공감대를 형성하는 일이다. 쉬운 글을 쓰는 게 글의 수준을 떨어뜨린다고 생각하는 것은 언어도단言語道斷이다.

글의 주인은 작가 자신이 아니라 독자다. 그래서 글은 쉬워야 한다. 쉽게 쓴 글은 독자들의 마음을 편하게 해 준다. 그 어떤 독자도 어렵게 쓴 글을 좋아하지 않는다. 쓸 수 있다면 가장 쉽게 써야 한다. 그것이 좋은 글을 쓰는 첫걸음이자 기본이다. 기본을 준수해야 하는 이유가 바로 여기에 있다.

글을 쓰는 작가들이 착각하는 게 있다. 글은 어려운 글이 좋은 글이라는 착각이다. 그것은 대단한 착각이 아닐 수 없다. 글을 어렵게 쓰는 것은 주제에 대한 이해가 부족하기 때문이다. 글을 쓰는 사람이 주제에 대해 명확하게 이해하고 있다면 굳이 어렵게 쓸 이유가 없다. 자신이 쓴 글을 독자가 쉽게 이해할 수 있다면 그 보다 더 좋은 일이 어디 있겠는가.

아래 소개하는 글은 필자가 쓴 『추억의 징검다리』라는 책에서 발췌한 글이다. 읽으면 누구나 쉽게 이해할 수 있는 내용이다. 미사여구가 없어도, 문장이 화려하지 않아도 읽으면 그림이 그려지듯이 쉽게 이해할 수 있다. 어떤 글이 쉬운 글인지 예문을 통해 알아보자.

> 밥을 제대로 소화하지 못하는 태민이 저녁 식사로 죽이 배달되었다. 죽을 조금씩 떠서 태민이 입에 넣어주는 것도 생각처럼 쉽지 않았다. 어미가 아기 새에게 먹이를 물어다 주듯 태민이가 입을 벌리면

떠 먹여주는 행동이 반복되었다. 그러다가 잠시 한눈이라도 팔면 휠체어에 머리를 부딪치며 빨리 달라고 보챘다.

죽을 먹다가도 귀에 익숙한 사람들의 목소리가 들리면 머리를 돌려 쳐다보다가 자신의 눈과 마주치면 어김없이 미소를 담았다. 그렇게 죽을 먹여주다 보니 한 그릇을 다 비웠다. 집중을 제대로 하지 못하는 태민이는 정상아 보다 식사시간이 많이 걸릴 수밖에 없었다. 다소 지루했던 식사시간이 끝난 것이다.

「봉사, 그 아름다운 이름으로」 중에서

Tip 2. 문장은 짧게 써라

 짧은 문장은 복잡하지 않다. 그런 문장은 글에 힘이 있고 리듬감이 생겨 가독성을 좋게 만든다. 그러나 호흡이 긴 문장은 독자들이 글을 읽고 싶은 마음을 한순간에 빼앗아 버린다. 긴 문장의 글을 읽다보면 한참을 읽어도 그 끝이 보이지 않는다. 무슨 이야기를 하려는 것인지 맥이 빠진다. 지루함을 느낀 독자는 덮은 책을 다시 들추지 않는다. 복문複文을 쓰면 안 되는 이유가 여기에 있다.

 이쯤에서 '싫증나는 문장보다 배고픈 문장을 써라'는 몽테뉴가 한 말을 음미해 볼 필요가 있다. 복문이라 하더라도 글에 리듬감이 있으면 하등에 문제가 될 게 없다. 하지만 이유 없이 긴 문장을 만나면 문장을 나누는 것이 좋다. 하나의 문장에는 하나의 생각만 담는다는 일문일사一文一思의 원칙을 적용하면 된다.

문장 쓰기에서 가장 불편한 요소가 바로 수식어다. 좋은 글은 수식어가 없는 글이다. 다시 말해서 그냥 있는 그대로 쓰라는 말이다. 수식어가 많으면 읽을 때 거치적거린다는 걸 잊지 말자.

단문을 즐겨 쓰는 작가가 바로 김훈이다. 신문기자 출신이라서 그런지 그의 문장은 길지 않아 리듬감이 있다. 리듬감이 있다는 건 가독성이 좋다는 말이다. 아래 글은 김훈이 쓴 『남한선성』의 일부다. 읽고 짧은 문장에 대한 개념을 이해하기 바란다.

> 초겨울에 내린 눈이 겨우내 녹지 않았다. 언 눈 위에 새 눈이 내렸다. 물기가 없는 가루눈이었다. 눈은 가벼워서 작은 바람에도 길게 날렸다. 내려앉은 눈이 바람자락에 실려 칼날처럼 일어서서 길게 흘렸다. 주린 노루들이 마을로 내려가다 눈 속에 대가리를 처박고 얼어 죽었다. 청병들은 죽은 노루를

성첩에서 보이는 장소로 옮겨놓고 바위 뒤에 숨어서 기다렸다. 조선 군병들이 죽은 노루를 주우려고 밖으로 나갔다가 청병의 총에 맞아 죽었다. 수문장은 죽은 군병들의 초관을 장 쳤다.

성안에서 말 울음소리와 개 짖는 소리가 끊겼다. 개들은 소리에 소리로 응답하며 짖어대더니 한 쪽 소리가 사라지자 혼자서 짖던 소리도 사라졌다. 수라상에 졸인 닭다리 두 개가 오르던 다음 날부터 성안에서 닭은 더 이상 울지 않았다.

「남한산성」중에서

Tip 3. 디테일하게 써라

 글을 읽으면 그림이 그려지도록 구체적으로 써야 한다. 글을 쓸 때 애매한 표현이나 자신 없는 표현을 사용해서는 안 된다. 문제는 초보자일수록 관찰력이 부족하다 보니 글의 구체성이 떨어지는 경향이 있다.

 반면에 프로 작가는 상황을 디테일하게 끌어가는 능력이 탁월하다. 아주 사소한 것 하나도 실감나게 표현한다. 그렇게 쓴 글은 못해도 기본은 먹고 들어간다. 디테일한 묘사는 사람을 끌어당기는 매력이 있다. 디테일을 살린 글은 독자와 공감대를 형성하는데 부족함이 없다. 그만큼 디테일이 좋은 글을 만드는데 중요한 역할을 한다.

 그런 구체적인 글을 쓰기위해서는 상황을 자세히 들여다보거나 사물을 치밀하게 관찰하여 보고 느낀

대로 묘사해야 한다. 이때 추상적인 단어가 들어가서는 안 된다. 구체적인 글에는 관찰과 공감이 필수다. 관찰을 세심하게 하면 표현력이 좋아지고, 공감대를 형성하면 감정 능력이 좋아진다. 하지만 주제에 도움이 되지 않는 내용까지 끌어들여 주저리주저리 펼쳐 놓는 것은 구체성과는 거리가 멀다.

구체적인 글을 쓰기위해서는 주제와 관련된 이야기를 팩트(fact) 위주로 풀어놓는 걸 의미한다. 아래 소개하는 글은 필자의 『그놈의 정 때문에』라는 작품의 일부분이다. 산책하면서 만난 사람들의 모습이 생생하게 전달되는 글이다.

> 바로 뒤에서 걸어오던 노부부는 못 다한 사랑이라도 나누려는 듯이 두 손을 꼭 잡은 채 걷고 있다. 말 한마디 주고받을 듯한데 침묵하며 걷는 모습이 저녁놀처럼 아름답다. 빨리 걷지 않아도 되고, 손을 잡고 있으니 넘어질 염려도 없다.

한참을 걷다보니 자신의 몸 하나 가누기 힘들어하는 할아버지가 지팡이에 의지한 채 걸음마를 배우는 아이처럼 걷고 있다. 가다 서다를 반복하던 할아버지는 더 이상 걷기가 힘든지 급기야 그 자리에서 끙끙대고 있다. 그 모습이 애처롭다. 할아버지의 모습이 훗날 내 모습이라 생각하니 걱정하나가 늘었다.

삐걱거리는 나무계단을 내려가다 보니 무슨 할 말이 그리 많은지, 한 무리의 중년 여성이 수다를 떨며 걷고 있다. 깔깔대는 웃음소리가 허공에 매달린 채 멀어져 가고 있다. 수다를 떠는 건지 걷는 건지 알 수 없지만, 얼굴엔 웃음꽃이 만발했다.

매일 그 시간만 되면 아내 팔을 붙들고 걷는 맹인 부부가 있다. 아내에게 의지하면서 걷는 남편의 모습도 보기 좋다. 하루도 거르지 않고 열심히 산책하는 부부의 정겨운 모습에 손뼉이라도 쳐주고 싶다.

「산책길에서 만난 사람들」 중에서

Tip 4. 단락에는 하나의 생각만 담아라

 단락이란 여러 개의 문장을 모아 하나의 중심 생각을 표현하는 것이다. 한 편의 글에는 몇 개의 작은 이야기로 이루어진다. 그 작은 이야기 하나하나를 시각적으로 묶어주는 것을 단락이라 한다.

 단락은 주제의 하위 개념으로 소주제를 정한 후 이를 구체화하기 위해 뒷받침 문장으로 구성한다. 이때 뒷받침 문장은 그 단락의 중심문장(소주제문)으로 집중 되어야 한다. 여러 문장이 모여 하나의 주제를 드러낸다는 점에서 문장 간의 연결 관계가 매우 중요하다.

 소주제는 단락의 으뜸 생각으로서 모든 뒷받침문장을 거느리고 다스리는 우두머리 역할을 한다. 뒷받침 문장은 소주제를 떠받들도록 배열하는 것이다. 그래서 소주제를 '다스림 생각'이라 부르기도 한다. 때문에 소주제와 어긋나는 내용은 함께 쓰이지 못하고 끼어들지도 못한다.

소주제문은 자리하는 위치가 단락의 첫머리가 아니라 끝부분이라 하더라도 뒷받침문장을 거느린다. 단락의 길이는 소주제를 충분히 설명할 수 있을 정도면 된다. 만약 소주제를 충분히 납득할 수 없는 경우에는 '뒷받침이 빈약한 단락' 또는 '내용이 옅은 단락'이라고 한다.

특히 한 단락에 두 개 이상의 소주제문이 들어 있거나 소주제와 관계없는 내용이 들어 있는 경우 글의 통일성을 해친다는 점을 잊어서는 안 된다.

그런데 글을 쓰다보면 이것도 넣고 저것도 넣고 싶어진다. 그것은 글에 대한 욕심 때문이다. 하나의 단락에 여러 가지 생각이 담기면 전달력이 떨어진다. 그래서 한 단락에는 하나의 중심생각(소주제)만 담아야 한다.

    단락을 구분하는 방법은 보통 글을 쓸 때, 단락이 바뀌면 줄을 바꿔서 처음 한 글자를 들여쓰기 때문에 쉽게 알 수 있다. 단락을 바꾼다는 것은 하던 이야기를 끝내고, 다른 이야기로 넘어간다는 걸 암시한다. 단락을 구분하지 않고 글을 쓰는 것은 모래로 건물을 짓는 것만큼 위험한 일이다.

    아래 글은 『초보자를 위한 글쓰기 ABC』에서 발췌한 글이다. 소주제(중심생각)는 '후회'라는 단어다. 글의 내용을 살펴보면서 어떻게 하나의 중심생각만 담아냈는지 확인해 보자.

당신만 생각하면 왠지 나도 모르게 가슴이 따뜻해집니다. 아무리 부르고 또 불러도 질리지 않는 그 이름 앞에서 저는 지금 후회라는 벽돌을 한 장씩 쌓고 있습니다. 살아생전 좀 더 당신의 마음을 편안하게 해드리고, 당신의 주름진 얼굴에 미소를 담아 드려야 했습니다. 자식의 도리를 다하지 못한 저는 후회라는 단어를 곱씹으며 살고 있습니다. 장남이라는 역할도 제대로 해내지 못했습니다. 그 생각만 하면 죄송하고 또 죄송할 뿐입니다. 가만히 생각해 보면 저는 당신의 이름 앞에서 어리석기 짝이 없는 못난 자식이었습니다. 후회라는 단어를 평생 가슴에 안고 살아갈 수밖에 없는 불효자는 때늦은 후회 속에서 버둥거리고 있습니다.

「회억回憶」중에서

Tip 5. 현재시제를 써라

　시제時制란 어떤 사건이나 사실이 발생한 시간선상의 위치를 표시하는 범주를 말한다. 이러한 시제에는 말하고자 하는 사건이 발생한 시점 이전에 일어난 과거시제, 말하고자 하는 사건이 발생한 시점에 일어난 현재시제, 말하고자 하는 사건이 발생한 시점 이후에 일어난 미래시제가 있다.

　현제시제는 사건시와 발화시가 일치하는 시제다. 화자가 말을 하는 시점과 사건이 발생하는 시점이 동일할 때 사용하며, 동작이나 상태가 현재 진행되고 있거나 지속되고 있음을 나타낸다. 이외에도 '사람은 언젠가는 죽는다'와 같은 보편적인 사실이나 관습을 표현하기 위해서도 현재시제를 사용한다.

　현재시제는 과거시제에 비해 글에 생동감이 있다.

글의 성격 차이가 있을 수 있지만 박진감 넘치는 글이 좋다. 그렇다고 해서 처음부터 끝까지 현재시제만을 고집하라는 것은 아니다. 과거의 사실을 현재의 상황처럼 묘사할 수도 있다. 현재시제를 사용하여 표현하면 현장감과 현실감을 높여주는 효과가 있기 때문이다.

아래 소개하는 글은 정병경 작가의 『소리 없는 울림』이라는 작품의 일부다. 현재시제의 글이라서 글에 힘이 있고 가독성이 좋다. 이런 글은 아무리 읽어도 부담감이 없다.

음악도 내 체질에 맞는 곡이 있듯이 책도 마찬가지다. 요즘은 여름과 달리 실내에서 주로 지낸다. 동절기라서 여행 수기나 에세이를 주로 읽는다. 명나라 '양천상'은 겨울밤에 책을 읽으며 졸음을 좇기 위해 얼음물에 발을 담갔다가 절름발이가 되었다. 한 페이지를 백 번씩 읽는 것을 스스로 법도로 삼았

다. 그는 양보다 질을 택한 독서가다. 내용을 줄줄 외울 만큼 심취해 읽는다.

 베끼는 내 습관은 견줄 바가 아니다. 책읽기 좋은 시대에 타고난 나는 옛 사람들에게 비한다면 행복이다. 무료함을 달래기 위해 음악까지 곁들여 독서하는 여유를 누리니 부족함이 없다.

「정독과 숙독」 중에서

Tip 6. 고치고 또 고쳐라

 좋은 글이란 쓰고 지우는 일을 되풀이한 결과물이다. 글쓰기의 결과는 퇴고 실력으로 귀결歸結 된다. 최고의 작가라 해도 수정하지 않고 글을 마무리하지 않는다. 자신이 쓴 글을 반복해서 읽으면서 빼고 더할 부분을 찾는다. 『인간시장』을 쓴 소설가 김홍신은 그의 저서 『대발해』에 대해 무려 7개월이 넘도록 교정을 봤다고 한다.

 이처럼 프로 작가일수록 글은 고치면 고칠수록 좋아진다는 걸 안다. 한 문장만 끼워 넣거나 빼도 전혀 다른 느낌을 주는 게 글이다. 잘못된 문장을 발견하기 위해서는 거듭 읽고 고치는 방법밖에는 없다. 아무리 사소한 것이라도 허투루 넘기지 말아야 한다. 글을 쓰는 단계마다 정성을 다 해야 하지만, 퇴고할 때에도 최선을 다 하는 작가정신이 필요하다.

　고쳐 쓰기는 완성한 글을 다시 읽으면서 검토하고 수정하는 글쓰기의 마지막 단계다. 거듭 말하지만 한 번에 글을 완성하는 작가는 없다. 미국의 유명한 소설가 헤밍웨이는 『노인과 바다』를 출간하기까지 스물두 번을 고쳐 쓰고, 『무기야 잘 있거라』는 서른아홉 번을 고쳐 썼다. 이처럼 퇴고는 대단히 중요하다. 단어 하나 조사 하나가 글의 의미를 바꾼다는 걸 알면 절대로 퇴고를 소홀히 할 수 없다.

　고쳐 쓰기가 어려운 이유는 글을 쓰는 사람 스스로가 자기 생각에 갇힌 나머지 자신의 쓴 글이 상호 연계성을 가지고 있는 것처럼 느껴지기 때문이다. 글을 고칠 때에는 제삼자의 시각으로 자신의 글을 봐야 한다. 다시 말해서 주관적인 사고에서 탈피하여 객관화하여 들여다 볼 수 있어야 한다는 말이다.

　정확한 퇴고를 위해 대체로 다음 세 가지 원칙을 따르는 걸 권한다. 첫째, 초고에서 빠진 부분이나 부족하다고 느껴지는 부분을 찾아 보완한다. 둘째, 불필요한 부분이나 지나치게 많은 부분을 찾아 삭제한다. 셋째, 부적절한 어순은 없는지 살펴보고, 오탈자와 맞춤법을 확인한다. 내가 읽기 싫은 글은 독자도 읽기 싫어한다. 독자가 기대감을 갖고 읽고 싶어 하는 글은 퇴고를 통해 탄생한다는 사실만큼은 잊지 말자.

아래 글은 필자가 쓴 『초보자를 위한 글쓰기 ABC』에서 제시한 글이다. 어떻게 수정했는지 붉은색 글씨체를 중심으로 꼼꼼하게 살펴보자.

> 버스가 대관령에 들어서자 가랑비가 내리고 **짙은 안개는 시계를 제한했다.** 초록의 향연을 즐기며 여유를 만끽하던 내게 **시샘을 부리는 듯 했다.** 버스가 강릉방향으로 한참을 달리자 언제 그랬느냐는 듯이 **날씨가 정상으로 돌아왔다. 잠시나마** 내 마음을 시험이라도 했나보다. 강릉을 지나 망상 방향으로 들어서자 왼쪽으로 바다가 얼굴을 내밀었다가

쑥스러운 듯이 **금방** 사라졌다. 바다가 다시 얼굴을 내민 곳은 삼척을 지나서였다.

 버스가 대관령에 들어서자 가랑비가 내리고 **주변은 안개에 묻혔다.** 초록의 향연을 즐기며 여유를 만끽하던 내게 **날씨가 심술을 부렸다.** 버스가 강릉쪽으로 한참을 달리자 언제 그랬느냐는 듯이 **티 없이 맑은 파란하늘을 드러냈다. 날씨가 조급한** 내 마음을 시험이라도 했나보다. 강릉을 지나 망상 방향으로 들어서자 왼쪽으로 바다가 얼굴을 내밀었다가 쑥스러운 듯이 사라졌다. **숨바꼭질하던** 바다가 다시 얼굴을 내민 곳은 삼척을 지나서였다.

「연민의 정」중에서

시작과 끝이 중요하다

시작은 이렇게

　정보의 홍수시대에 살다보니 독자들은 글을 읽다가 재미가 없거나 중요하지 않다고 생각되면 금방 덮어버린다. 그것이 신문이든 책이든 마찬가지다. 독자로부터 환영받지 못한 글은 설자리가 없다. 처음 글을 시작할 때는 물고기가 미끼를 물 듯 독자들을 끌어들일 수 있도록 미끼를 던져야 한다. 첫 문장에서 독자를 끌어들이지 못하면 그 글은 존재가치를 상실하고 만다. 그만큼 첫 문장이 중요하다는 말이다. 다시 말해서 독자가 첫 단락을 읽은 후 읽지 않고는 못 견디게 써야 한다는 말이다. 독자들에게 궁금증을 불러일으키거나 눈길을 끌만한 표현을 앞세워야 한다. 이것이 첫 문장에 올인 해야 하는 이유다.

아래 인용한 글은 김진순의 『단아한 슬픔』이라는 작품의 첫 부분이다. 교통사고로 하늘나라로 여행을 떠난 아들을 기다리는 엄마의 마음이 고스란히 담긴 글이다.

> 해를 몰아내고 창 밖에 어둠이 서성일 때마다 기다려 진다.

마무리도 이렇게

저자는 마지막까지 독자를 만족시켜야 할 의무가 있다. 글을 쓸 때는 모든 과정이 중요하지만, 그 중에서 결론에 해당하는 마지막 문장도 중요하다. 글을 쓰는 사람이라면 마지막 문장을 어떻게 마무리 할 것인지 고민해야 한다. 마치 요리를 마치고 마지막 맛을 보는 것처럼 말이다. 그 맛은 입안을 적시는 긴 여운을 남겨야 한다.

글을 쓸 때 할 말을 다 했으면 끝내야 한다. 마무리를 잘해야 독자에게 깊은 인상을 남길 수 있다. 문제는 새로운 이야기 꺼리도 없으면서 했던 말 또 하는 식으로 질질 끌면 그 글은 죽은 글이 되고 만다. 좋은 마무리는 독자가 아쉬움을 갖도록 하는 게 좋다.

어느 수필가가 쓴 『옛집』이라는 수필을 마무리하는 글이다. 옛집을 둘러보고 떠나는 이의 마음이 인상적이다.

> 다시 돌아본 슬래브 지붕 위에 수신이 끊긴 안테나 끝에 빨간 고추잠자리 한 마리 앉아 있다.

수미상관 首尾相關

문학에서 활용되는 기법 중의 하나로 주로 시의 형태에서 두드러지게 사용되는데, 첫 연과 마지막 연이 동일한 혹은 비슷한 형태를 띠는 형식을 말한다. 작품의 주제를 강조하고 리듬을 형성하는 쉬운 방법 중 하나이기에 자주 사용된다. 산문에서 문단의 처음과 끝에 중심 내용을 담는 양괄식 표현 방법과 동일하다. 유사 표현으로는 수미쌍관首尾雙關, 수미상응首尾相應이 있다.

문학작품 외에도 다른 예술 전반, 영화나 드라마, 애니메이션, 뮤직비디오 등의 매체에서도 시작과 끝을 같게 처리하는 기법을 사용하는 경우가 많고, 이를 넓은 의미에서 수미상관 기법으로 보기도 한다.

> 앞으로 앞으로 앞으로 앞으로
> 지구는 둥그니까 자꾸 걸어 나가면
> 온 세상 어린이를 다 만나고 오겠네
> 온 세상 어린이가 하하하하 웃으면
> 그 소리 들리겠네 달나라까지
> 앞으로 앞으로 앞으로 앞으로
>
> 윤석중 작사의 동요, 「앞으로」

 수미상관은 시의 첫 구절과 마지막 구절을 비슷하거나 같게 만드는 방법을 말하는데, 「앞으로」를 보면 노래의 시작과 끝이 반복되고 있다. 수미상관은 처음(머리)을 가리키는 '수首'와 끝(꼬리)을 가리키는 '미尾'가 서로 관련성을 지닌다는 말이다. 다시 말해서 처음과 끝 구절을 비슷하거나 같게 해서 전달하려는 시적 의미를 강조하는 방법이다. 이런 방법을 사용하면 시의 형태가 전체적으로 안정감을 얻게 되는 효과가 있다.

> 산에는 꽃 피네 꽃이 피네 갈 봄
> 여름 없이 꽃이 피네
> 산에 산에 피는 꽃은 저만치
> 혼자서 피어 있네
> 산에서 우는 작은 새요
> 꽃이 좋아 산에서 사노라네
> 산에는 꽃 지네 꽃이 지네
> 갈 봄 여름 없이 꽃이 지네
>
> 김소월의 「산유화」

 위 시에서 처음과 끝은 유사한 시 구절로 반복되어 있다. 그런 까닭에 꽃이 피고 지는 현상이 전체적으로 순환구조를 이루면서 자연 현상이 지속되고 반복된다는 것을 제시하기에 적절한 짜임새를 이루고 있다. 이처럼 수미상관의 짜임은 시적인 의미를 만들어 가는 데에 기여한다고 할 수 있다.

최고의 글쓰기

어떤 글이 좋은 글인가

좋은 글이란 누구나 쉽게 읽고 쉽게 이해할 수 있는 글이다. 알맹이는 없으면서 화려하게 미사여구를 늘어놓은 글이 좋은 글도 아니고 잘 쓴 글도 아니다. 그래서 글은 물이 흐르듯이 막힘없이 읽히는 글을 써야 한다. 그리고 마지막 페이지를 덮을 때는 독자들의 가슴에 강한 울림을 줄 수 있어야 한다. 그런 글을 쓰기 위해 다음 내용은 좋은 지침이 될 것이다.

01. 한 편의 글에 하나의 중심생각(주제)만 담아야 한다.

02. 제목, 주제, 소재의 관계가 통일성과 일관성을 갖춰야 한다.

03, 문법적으로 정확한 문장을 쓰고, 맞춤법에 맞게 표기해야 한다.

04, 다양한 표현기법으로 전달하고자 하는 내용을 효과적으로 표현해야 한다.

05, 설명하려 하지 말고 보여준다는 마음으로 써야 한다.

06, 자료를 직접적으로 인용하지 말고 소화시켜 지문 속에 감출줄 알아야 한다.

07, 완성된 글은 몇 번이고 퇴고해야 좋은 글이 된다.

08, '짧게 써라. 그러면 읽힐 것이다. 쉽게 써라. 그러면 이해될 것이다. 그림이 그려지듯 써라. 그러면 기억 속에 남을 것이다.' 이렇게 써야 좋은 글이 탄생한다.

09. 느낌보다는 사실을 자세하게 관찰하고 서술해야 한다.

10. 하수는 길고 어려운 글을 쓰지만, 고수는 명쾌하고 심플한 글을 쓴다는 걸 잊지말자.

글, 이렇게 써라

좋은 글을 쓰기 위해서는 자신이 글을 쓰는 의도와 목적에 부합해야 한다. 그런 글을 위해서는 글을 쓰는 요령과 원칙을 익히고 끊임없이 공부해야 한다.

01, 『파리의 집』을 쓴 영국의 소설가 엘리자베스 보엔은 "내 글쓰기는 언어로 그린 그림이다"고 했다. 글은 그림이 그려지듯 선명하게 써라.

02, 모파상은 "우리가 말하려는 것이 무엇이든 그것을 표현하는 데는 한 가지 말밖에 없다. 그것을 살리기 위해서는 한 동사밖에 없고, 그것을 드러내기 위해서는 한 형용사밖에 없다"고 했다. 가장 적합한 단어를 선택하라는 말이다.

03, 글은 목적이나 기술하는 방법(설명・논증・묘사・서사 등)에 맞게 써라.

04, 잘된 인용과 비유는 고래도 춤추게 한다는 걸 잊지마라.

05, 아무 것도 아닌 것을 아무 것도 아닌 것이 아니게 써라.

06, 완성된 글은 몇 번이고 퇴고 한다. 쓰고 지우는 걸 두려워 하지마라.

07, 좋은 글을 쓰고 감수성을 높이기 위해서는 남이 쓴 좋은 글에 민감해야 한다. 그런 글은 잘 기억했다가 자신의 것으로 활용해야 한다.

08, 글쓰기는 생각을 표현하는 일이다. 생각주머니는 지식과 경험, 문제해결 능력, 창의력, 상상력의 복합적인 결과물이어서 사람마다 수준 차

이가 크다. 끊임없이 체험하면서 부지런히 읽고 열심히 써야 하는 이유가 여기에 있다.

글을 쓸 때 알아두면 좋은 점

 글은 생각나는 대로 무작정 쓰는 게 아니다. 실수를 줄이려면 글을 쓸 때 알아두면 좋은 점이 무엇인지 숙지해야 한다. 이를 위해 아래 내용을 축약하여 소개한다.

01. 글에 숫자가 많으면 글이 삭막해 진다. 문학작품은 기록물이나 보고서가 아니다. 따라서 문학작품에서는 가능한 한 숫자를 줄이는 게 좋다.

02. 글을 쓸 때 ( )를 많이 사용하면 글에 리듬이 깨진다. ( ) 대신 풀어서 써야 한다.

03. 확실하지 않은 표현, 모호한 표현, 추측성 표현, 자신이 없는 표현은 쓰지 않는 것이 좋다.

예컨대 '어느 날, 어릴 적, ~하는 듯하다, ~할 것 같다' 등과 같은 말은 독자들에게 믿음을 주지 못한다.

04. 글을 쓸 때 인용하는 글이 길면 내가 하고 싶은 이야기를 할 수 없을 뿐만 아니라 글의 완성도를 떨어뜨릴 수 있다. 따라서 인용은 너무 길지 않는 게 좋다.

05. 무분별한 존칭어 사용은 글의 탄력성을 방해할 수 있다. 그래서 존칭어는 문장의 마지막 서술어(어미)에 한번만 사용하는 게 맞다.

06. 글쓰기에 서툰 사람일수록 무언가를 덧붙이려고 한다. 이것도 넣고 저것도 넣고 싶은 나머지 글의 통일성을 저해한다. 좋은 말을 이어 붙인다고 해서 좋은 글이 되는 게 아니다.

07. 글은 자랑하기 위해 쓰는 게 아니다. 그런 글을 쓰더라도 전혀 그런 느낌이 들지 않도록 써야 한다. 자랑보다는 오히려 자신의 치부를 드러낼 수 있어야 한다.

08. 한편의 글에는 메시지를 담아내야 한다. 자신이 글을 통해 독자들에게 무엇을 알려주고 싶은지 분명히 해야 한다.

09. 글의 생명력은 통일성에서 나온다. 주제와 소주제를 선정한 다음 통일성을 유지해야 한다. 글이 중구난방이 되지 않도록 주제와 소주제의 관계를 명확히 해야 한다는 말이다.

10. 글은 독자에게 친절해야 한다. 친절해야 한다는 말은 독자들이 그 글을 읽고 궁금하지 않도록 해야 한다는 말이다.

11. 기록물에서나 나올만한 첫째, 둘째, 셋째 식의 나열이나 1, 2, 3과 같은 전개는 문학작품에서 환영받지 못한다. 가능한 사용하지 않는 것이 좋다.

12. 논문이나 보고서 또는 평론에서나 등장하는 단어는 문학성을 해친다. 따라서 문학작품에 어울리지 않는 단어는 사용하지 않는 게 좋다. 예컨대 '~해 보려고 한다. ~알아보자.'

13. 의미가 중복되는 단어의 사용은 주의해야 한다. '예컨대 훨씬 더, 가장 최초에, 매 주마다, 약 50명 정도, 지나친 과소평가.' 등

좋은 수필 쓰기

좋은 수필쓰기를 위한 조건

좋은 수필이란 그 글을 읽은 독자들의 가슴에 감동을 심어주는 작품을 말한다. 그것은 많은 고뇌와 고심 속에서 피어나는 한 송이 꽃이다. 그런 글을 쓰기 위해서는 산문적 요소를 바탕에 깔고 독창적인 이미지와 새로운 사실을 의미화하고 형상화해 낼 수 있어야 한다.

첫째, 수필은 쉽게 써야 한다. 글을 비비꼬아서 독자들이 몇 번씩 반복해서 읽게 만든 글이 좋은 글도 아니고 잘 쓴 글도 아니다. 난해한 글은 독자로부터 외면 받기 십상이다. 좋은 수필이란 읽으면 쉽게 이해할 수 있는 글이다.

둘째, 수필은 술술 읽혀야 한다. 읽을 때 리듬이 끊기는 글은 좋은 글이 아니다. 글은 마치 물이 흐르듯이 막힘이 없어야 한다. 그런 글이라야 독자의 사랑을 받는다.

셋째, 수필은 통일성을 갖춰야 한다. 주제, 소주제, 뒷받침 문장이 따로 노는 글은 절대로 좋은 글이 될 수 없다. 주제, 소주제, 뒷받침 문장이 끈끈하게 상호 연계성을 가져야 한다. 다시 말해서 뒷받침 문장은 소주제를, 소주제는 주제를 떠받들어야 한다는 말이다.

넷째, 수필은 문학적인 옷을 입어야 한다. 문학적인 옷을 입는다는 것은 글을 의미화하거나 형상화해야 한다는 걸 뜻한다. 문학과 비문학을 평가하는 기준이 바로 형상화다. 의미화 한다는 것은 하나의 사물이 가지고 있는 뜻을 그 의미를 달리 확장하여 해석한다는 말이다.

다섯째, 수필은 구체적으로 써야 한다. 글을 구체적으로 쓰기 위해서는 치밀한 관찰이 필요하다. 똑같은 사물을 보더라도 다른 사람이 보지 못하는 것을 수필가는 볼 수 있어야 한다. 구체성이 없이 주변만 맴도는 글은 메시지를 담아낼 수 없다. 글에 구체성을 담아내야 하는 이유가 여기에 있다.

여섯째, 수필은 독자에게 친절해야 한다. 시는 직접 말하지 않고 에둘러 말하는 대신 수필은 독자들이 그 글을 읽고 의문을 갖지 않도록 해야 한다. 쉽게 말해서 가려운 곳이 없도록 해줘야 한다는 말이다.

일곱째, 수필은 누구나 알고 있는 이야기를 중언부언해서는 안 된다. 그런 글은 독자를 식상하게 만든다. 설령 누구나 알고 있는 내용이라 하더라도 글을 쓸 때는 낯설게 써야한다. 아무것도 아닌 것을 아무것도 아닌 게 아니게 쓰라는 말이다. 그것이 좋은 글을 쓰는 비결이다.

여덟째, 자신이 경험한 사실을 굴비 엮듯이 늘어놓지 마라. 있는 사실을 길게 늘어놓는다고 해서 글이 되는 것은 아니다. 최소한 독자들의 가슴에 느낌표 하나는 찍어줘야 한다. 그러기 위해서는 모파상이 말한 '일물일어설一物一語說'을 잊지 말아야 한다.

아홉째, 수필은 읽고 나면 여운이 남아야 한다. 그 말은 독자에게 흥미와 감동을 안겨주어야 한다는 것이다. 그러기 위해서는 설명하려 하지 말고 그림이 그려지는 글을 써야 한다. 그런 글이라야 독자와 공감대를 형성할 수 있다.

열째, 수필은 글을 쓰는 그 사람 자신이다. 그것은 그 어떤 장르보다 저자의 모습이 고스란히 드러나는 문학이기 때문이다. 그래서 글 속에 자신의 품격을 담아내야 한다. 그것이 바로 좋은 수필이다.

합평合評

합평合評 이렇게 하라

합평이란 여러 사람이 한자리에 모여서 작품에 대한 의견을 주고 받으며 비평하는 일이다. 그래서 합평은 글쓴이의 가능성과 한계를 깨닫는 과정이라고 말한다. 작가 강원국은 '합평은 실전에 내 글을 던지는 용기가 필요한 시간이다'라고 했다. 합평을 하면 좋은 점은 글쓰기에 대한 근육이 탄탄해질 뿐만 아니라 자신의 글에 품격을 높일 수 있다는 점이다.

하지만 합평시 주의해야 할 점은 말을 함부로 하거나 말꼬리를 붙들고 늘어지는 일은 없어야 한다. 좋은 합평은 상대방을 존중하면서 더 좋은 글이 될 수 있도록 자신의 의견을 제시하는 선에서 끝나야 한다. 그걸 수용하느냐 하지 않느냐는 결국 글을 쓴 저자에게 있다. 그래야 하는 이유는 그 작품이 세상에 모습을 드러 낼 때는 글을 쓴 저자의 이름으로 탄생하기 때문이다.

01. 먼저 작품을 읽고 줄거리를 파악한다.
– 무엇을 이야기하려는 글인지 파악한다.

02. 주제가 명확(선명)한지 확인한다.
– 작품 속에 주제가 잘 드러나 있는지 살펴본다.

03. 주제와 소주제의 설계가 적절한지 확인한다.
– 주제와 소주제를 일렬로 세우고 짜임새를 확인한다.

04. 소주제가 주제를 향해 팔 벌림을 하고 있는지 확인한다.
– 뒷받침하는 문장이 소주제를 떠받들고 있는지 확인한다. 그리고 제재의 통일성을 확인한다.

05. 단락에는 하나의 중심생각만 담았는지 확인한다.
– 단락과 단락의 연계는 자연스러운지도 확인한다.

06. 제목과 주제의 선명성을 확인한다.
  – 글 속에 제목과 주제가 잘 드러나 있는지 확인한다.

07. 글쓰기 팁 원칙에 위배되는 내용은 없는지 확인한다.
  – 6가지 원칙에 하나하나 대입해 본다.

08. 중언부언하거나 중복하여 쓴 단어나 문장은 없는지 확인한다.

09. 비유와 상징을 통해 의미화하거나 형상화를 해냈는지 확인한다.
  – 문학적인 옷을 제대로 입혔는지 확인한다.

10. 문장의 흐름상 꼬인 부분은 없는지 확인한다.
  – 글을 읽을 때 막히는 부분은 없는지 확인한다.

11. 띄어쓰기와 맞춤법에 문제는 없는지 확인한다.

문장 부호

문장 부호 바로 알기

문장 부호는 글에서 문장의 구조를 드러 내거나 글쓴이의 의도를 전달하기 위하여 사용하는 부호다.

1. 마침표(.)

가. 서술, 명령, 청유 등을 나타내는 문장의 끝에 쓴다.
   예 가는 말이 고와야 오는 말이 곱다.

나. 직접 인용한 문장의 끝에 쓰는 것을 원칙으로 하되, 쓰지 않아도 된다.
   예 그는 "사랑한다."라고 말했다.
   그는 "사랑한다"라고 말했다.

다. 용언의 명사형이나 명사로 끝나는 문장에는 쓰는 것을 원칙으로 하되, 쓰지 않아도 된다.

예 신입사원 모집을 위한 기업 설명회 개최.
　　신입사원 모집을 위한 기업 설명회 개최

라. 제목이나 표어에는 쓰지 않는 것을 원칙으로 한다.

　　예 꺼진 불도 다시 보자

마. 아라비아 숫자만으로 연월일을 표시 할 때 쓴다.

　　예 2023. 8. 15.
　　※ 마침표 대신 온점이라는 용어를 쓸 수 있다.

2. 물음표(?)

가. 의문문이나 의문을 나타내는 어구의 끝에 쓴다.

　　예 남북이 통일되면 얼마나 좋을까?

나. 한 문장 안에 몇 개의 선택적인 물음이 이어질 때는 맨 끝에만 쓰고, 각 물음이 독립적일 때는 각 물음의 뒤에 쓴다.

　　예 너는 미국인이냐, 영국인이냐?
　　　너는 어디서 왔니? 무엇하러 왔니?

다. 의문의 정도가 약할 때는 물음표 대신 마침표를 쓸 수 있다.

　　예 이래도 되는 걸까.

라. 제목이나 표어에는 쓰지 않는 것을 원칙으로 한다.

　　예 역사란 무엇인가

마. 모르거나 불확실한 내용임을 나타낼 때 쓴다.

　　예 최치원(857~?)은 문장가다.

3. 느낌표(!)

가. 감탄문이나 감탄사 끝에 쓴다.

　　예 어거 정말 큰일이 났구나!

나. 감탄의 정도가 약하면 느낌표 대신 마침표나 쉼표를 쓸 수 있다.

　　예 어머! / 어머. 벌써 시간이 지났네.

다. 특별히 강한 느낌을 나타내는 어구, 평서문, 명령문, 청유문에 쓴다.
  예 이야, 정말 재밌다!

라. 제목이나 표어에는 쓰지 않는 것을 원칙으로 한다.
  예 새들도 세상을 뜨는구나

마. 물음의 말로 놀람이나 항의의 뜻을 나타내는 경우에 쓴다.
  예 이게 누구야!

바. 감정을 넣어 대답하거나 다른 사람을 부를 때 쓴다.
  예 네, 선생님!

4. 쉼표(,)
가. 같은 자격의 어구를 열거할 때 그 사이에 쓴다.
  예 근면, 검소, 협동은 우리 민족의 미덕이다.

나. 쉼표 없이도 열거되는 사항임이 쉽게 드러날 때는 쓰지 않을 수 있다.
　예 아버지 어머니께서 함께 오셨어요.

다. 열거할 어구를 생략할 때 사용하는 줄임표 앞에는 쉼표를 쓰지 않는다.
　예 광주, 대구, 인천…

라. 짝을 지어 구별할 때 쓴다.
　예 토끼와 거북이, 닭과 오리는 친구다.

마. 열거의 순서를 나타내는 어구 다음에 쓴다.
　예 첫째, 근면해야 한다.

바. 문장의 연결 관계를 분명히 하고자 할 때 절과 절 사이에 쓴다.
　예 콩 심은 데 콩 나고, 팥 심은 데 팥 난다.

사. 부르거나 대답하는 말 뒤에 쓴다.
　예 지은아, 이리 좀 와 봐.

아. 한 문장 안에서 앞말을 곧, 즉, 다시 말해, 이를테면 등과 같은 어구로 다시 설명할 때 앞말 다음에 쓴다.

예 그곳에는 대중교통 수단, 이를테면 버스 같은 것도 없나요?

자. 문장 앞부분에서 조사 없이 쓰인 제시어나 주제어의 뒤에 쓴다.

예 저 친구, 저러다가 큰일 한번 내겠어.

차. 도치문에서 도치된 어구들 사이에 쓴다.

예 다시 보자, 한강수야.

카. 바로 다음 말과 직접적인 관계에 있지 않음을 나타낼 때 쓴다.

예 갑돌이는, 울면서 떠나는 갑순이를 배웅했다.

※ 쉼표 대신 반점이라는 용어를 쓸 수 있다.

5. 가운뎃점(·)

가. 열거할 어구들을 일정한 기준으로 묶어서 나타낼 때 쓴다.

예 민수 · 영희, 선미 · 준호가 서로 짝이 되어 윷놀이를 하였다.

나. 짝을 이루는 어구 사이에 쓴다. 다만, 쉼표를 대신 쓸 수도 있다.

예 빨강 · 초록 · 파랑이 빛의 삼원색이다.

다. 공통 성분을 줄여서 하나의 어구로 묶을 때 쓴다. 다만, 쉼표를 대신 쓸 수도 있다.

예 상 · 중 · 하위권

6. 큰따옴표(" ")

가. 글 가운데에서 직접 대화를 표시할 때 쓴다.

예 "아빠, 조심해서 다녀오세요."

나. 말이나 글을 직접 인용할 때 쓴다.

> 예 나는 "어, 문희 아니냐" 하는 소리에 깜짝 놀랐다.

※ 문장 안에서 책의 제목이나 신문 이름 등을 나타낼 때에도 큰따옴표를 쓸 수 있다.

7. 작은따옴표(' ')

가. 인용한 말 안에 있는 인용한 말을 나타낼 때 쓴다.

> 예 그는 "여러분! '시작이 반이다.'라는 말을 들어 보셨죠?"라고 말하며 강연을 시작했다.

나. 마음 속으로 한 말을 적을 때 쓴다.

> 예 '처음에만 열심히 하는 척하다가 결국에는 그만두겠지.' 하고 생각 했다.

※ 소제목, 그림이나 노래와 같은 예술 작품의 제목, 상호, 법률, 규정 등을 나타낼 때에도 작은따옴표를 쓸 수 있다. 그리고 문장 내용 중에서 주의가 미쳐야 할 곳이나 중요한 부분을 특별히 드러내 보일 때에도 작은따옴표를 쓸 수 있다.

8. 겹낫표(『 』), 겹화살괄호(《 》)

가. 책의 제목이나 신문 이름 등을 나타낼 때 쓴다.

> 예 우리나라 최초의 민간 신문은 1896년에 창간된 『독립신문』이다.
>
> 윤동주의 유고 시집인 《하늘과 바람과 별과 시》에는 31편의 시가 실려있다.

※ 겹낫표나 겹화살괄호 대신 큰따옴표를 쓸 수 있다.

9. 홑낫표(「 」), 홑화살괄호(〈 〉)

가. 소제목, 그림이나 노래와 같은 예술 작품의 제목, 상호, 법률, 규정 등을 나타낼 때 쓴다.

> 예 이 수필은 「이별 뒤에 오는 그리움」이라는 작품이다.
>
> 이 곡은 베르디가 작곡한 〈축배의 노래〉다.

※ 홑낫표나 홑화살괄호 대신 작은따옴표를 쓸 수 있다. 간혹 세 가지 중에서 어떤 것을 써야 할지 구분하기 어려울 때는 홑낫표를 우선 선택하면 된다.

10. 물결표(~)

가. 기간이나 거리 또는 범위를 나타낼 때 쓴다.

> 예 10월 15일~10월 25일

나. 물결표 대신 붙임표를 쓸 수 있다.

> 예 이번 시험의 범위는 15-56쪽입니다.

11. 줄임표(……)

가. 할 말을 줄였을 때 쓴다.

> 예 그는 최선을 다했다. 그러나 성공할지는…….

나. 말이 없음을 나타낼 때 쓴다.

> 예 "빨리 말해."
> "……."

다. 문장이나 글의 일부를 생략할 때 쓴다.

> 예 갑자, 을축, 병인, 정묘 … 신유, 술해, 계해

라. 머뭇거림을 보일 때 쓴다.

   예 저기…… 있잖아…… 나…… 너한테 할 말이 있어.

마. 줄임표는 가운데 찍는 대신 아래쪽에 찍을 수 있다.

   예 저기..... 있잖아...... 나...... 너한테 할 말이 있어.

바. 점은 여섯 점을 찍는 대신 세 점을 찍을 수도 있다.

   예 "실은... 저 사람... 우리 아저씨일지 몰라."
   "빨리 말해!"
   "...."

   ※ 줄임표는 앞말에 붙여쓴다. 다만, 문장이나 글의 일부를 생략할 때 쓴다.

좋은 수필 예시

아버지, 그 이름의 무게

 아버지라는 이름의 무게를 저울에 달면 얼마나 될까? 나도 그 이름의 무게를 몰랐는데 내 자식들이라고 알까? 부권父權이 무너지고 양성평등 시대가 도래 했지만, 가족 부양책임은 아직도 아버지 몫이 더 크다. 아버지라는 이름의 무게가 가볍지 않다는 걸 알 수 있는 대목이다.

 일제강점기에 아버지는 징용徵用되어 일본으로 끌려갔다. 노역奴役에 동원되어 3년여 동안 콤마 이하의 삶을 살았다. 모진 고생 끝에 피골이 상접한 모습으로 해방직전에 귀국했다. 해방의 기쁨이 채 가시기도 전에 6·25전쟁 소용돌이 속에서 아버지라는 이름으로 살았다. 아버지는 전쟁의 후유증이 몰고 온 보릿고개

앞에서 절망했다. 절망 속에서도 세월은 멈추는 법이 없었다. 격동의 세월과 함께 아버지는 힘든 보릿고개를 넘고 넘었다. 내 아버지의 고단했던 삶은 무엇으로 보상 받을 수 있었을까.

그 시절 아버지들은 밤과 낮이 없었다. 우리 아버지라고 달랐을까. 자식들은 뼈만 앙상했고, 어른들은 희망을 찾아 나섰다. 그런 사회 분위기 속에서 우리 칠남매가 굶주림에서 벗어날 수 있는 일이라면 몸을 사리지 않았다. 아버지가 허리를 펴는 순간은 땅거미가 지고 어둠이 찾아올 때뿐이었다. 가난은 아버지가 짊어져야 할 잘못이 아니다. 그럼에도 전쟁보다 더 무서운 가난으로부터 하루빨리 벗어나고 싶었을 것이다.

가난한 가장에게 일은 벗어날 수 없는 족쇄였다. 그 족쇄에 얽매이다 보니 손은 수세미처럼 거칠어지고 발바닥은 거북이 등이 되었다. 그 손과 발은 우리 가족을 지키는 거룩한 보루堡壘였다. 잠시도 쉬는 법이 없었다. 아버지에게 쉼표는 사치였고, 하루하루가 도돌이표였다. 고단한 삶에 부대낄 때면 막걸리 한잔에 모든 시름을 담아냈다. 오랜만에 마신 막걸리에 얼굴은 대춧빛으로 물들었다. 그 막걸리 잔에는 자식들에게 보이고 싶지 않았던 당신만의 한숨도 담겨 있었으리라.

가난했지만 올곧게 살아오신 아버지께서 빚보증을 잘못하여 빈털터리가 됐을 때도 "그만하면 다행"이라며 돌아서서 눈물을 훔쳤다. 아침 이슬처럼 맑고 투명하게 살아 온 결과가 믿는 도끼에 발등을 찍혔으니 억장이 무너지고도 남았으리라. 당시 아버지는 망망대해에 떠있는 작은 돛단배 신세였다. 불행은 원하지 않아도 잘도 찾아오는데 행복은 아무리 애를 써도 우리 식구를 비켜갔다. 그런 질곡의 세월 속에서도 자식들의 버팀목이 돼야 한다는 사명감에 거친 풍파를 혼자 감당해 냈다.

우리 가정의 든든한 버팀목이었든 당신은 우리 집 해결사였다. 아버지 손이 가면 안되는 게 없었다. 아버지는 우리 집 가장이자 기둥이고 희망이었다. 당신은 거대한 산이었고, 거인이었으며, 고향마을 입구에 서 있는 당산나무였다. 우리 식구들은 그 당산나무 아래서 비를 피하고 더위를 피했다. 때로는 마을 사람들도 쉬어가곤 했다.

당산나무로 살아야만 하는 고난의 시련 속에서도 가족들이 힘들어 할까봐 무슨 일이나 "괜찮다"며 손사래를 치시던 모습은 생각만 해도 가슴이 따뜻해진다. 당신은 평생 자신을 위해 살아보지 못한 분이다. 의무라는 말로 대신하기엔 참으로 고결한 삶이였다. 아버지라는 이름으로 살아온 삶이 얼마나 힘들고 답답했을까. 그 생각만 하면 지금도 가슴이 먹먹해 진다.

아버지가 무거운 짐을 잠시 내려놓을 때는 눈이 내

리는 날이었다. 그런 날이면 당신께서는 땅 속에 갈무리해 둔 고구마를 꺼내 먹었다. 살짝 언 고구마는 맛이 그만이었다. 그때마다 생고구마를 밤처럼 예쁘게 깎아 자식들에게 나눠줬다. 아버지의 감각적인 손길이 더해질 때마다 자식들의 감성도 담쟁이 넝쿨처럼 한 뼘씩 자랐다.

하루가 다르게 성장하는 자식들을 지켜보며 흐뭇해하시던 당신의 뒷모습이 참으로 든든했다. 언제까지나 자식들의 든든한 울타리가 되어 주실 줄 알았는데 세월과 함께 기력은 쇠잔衰殘해 지고, 단단했던 육체도 조금씩 무너져 내렸다. 얼굴에도 주름살이 하나둘 늘어갔다. 힘이 부칠 때는 쉬엄쉬엄 해도 되련만, 손에서 일을 놓지 못했다. 어떠한 순간에도 당신의 책임만큼은 회피하지 않으셨다.

그런 삶을 살아오면서도 아버지는 무뚝뚝했다. 다정함과는 거리가 멀었고, 자상함이라는 단어와도 어울리지 않았다. 그러다 보니 가족 간에도 서먹함이 존재했다. 온 몸으로 세상과 씨름하며 살아왔지만, 정작 자신을 닮은 자식을 가슴에 품는 건 서툴렀다. 그래서였을까? 자식들은 쉽게 다가서지 못하고 아버지 곁을 맴돌았다. 그럼에도 당신은 자식들에게 자신의 전부를 내 주었다. 그게 당신만의 사랑법이라는 걸 철이 들고 나서야 알았다. 가족을 위해서라면 마지막 남은 자존심마저 버릴 수 있는 분이 바로 내 아버지였다.

아버지는 가족들에게 상처를 주지 않기 위해 무슨 일이나 속내를 드러내지 않았다. 단지 가족이라는 이유 하나 때문에 모든 것을 안고 침묵으로 일관했다. 그러다 보니 언제나 혼자였다. 평생을 외로움이라는 늪에서 빠져 나오지 못했다. 그래도 자식들 앞에서 눈물을 보이지 않았다. 아버지는 아무도 보지 않는 밤에 가슴으로 울지 않았을까? 그래서 아버지라는 그 자리를 지켜내기가 더 힘들었으리라.

가을걷이가 끝난 어느 비오는 날 오후였다. 우두커니 앉아 밖을 내다보시는 당신의 굽은 등이 어찌나 왜소해 보이던지 내 무딘 가슴이 덜컥 내려앉았다. 얼마나 안돼 보이던지, 할 수만 있다면 아버지의 고달팠던 삶을 고스란히 돌려드리고 싶었다. 그럼에도 마음뿐, 내가 해드린 건 별로 기억에 없다. 어리석은 난 아버지가 되고서도 한참이 지난 뒤에야 아버지라는 짐의 무게를 가늠할 수 있었다.

아버지는 그 이름의 무게를 감당하지 못할 무렵부터 가장이라는 자리마저 잃었다. 하루하루 이어져 온 삶의 현장에서 아버지 권위는 끝없이 추락했다. 아버지는 우리시대 희생의 대명사였다. 아니 희생이라는 두 글자로 당신의 삶을 이야기하기엔 턱없이 부족했다. 그것이 불행한 시대를 살아온 아버지의 자화상이 아니었나 싶다. 그런 생각만 하면 소매 끝에 휘감기는 찬바람이 내 가슴에 한기寒氣를 몰고 온다.

희생이라는 단어를 곱씹고 살아오신 아버지는 평생 비행기 한번 타보지 못하고 무지개다리를 건넜다. 그 생각만 하면 후회라는 단어가 내 마음속을 넘나든다. 이제는 아무리 큰소리로 불러도 더 이상 대답 해주지 않는다. 감정이 이성을 지배했던 시절에 아버지를 실망시켰던 잘못도 용서받기에 너무 늦어 버렸다. 회한으로 범벅된 그리움 앞에서 무슨 말이 필요할까. 오늘은 눈처럼 하얗게 살다 가신 아버지가 그립다. 순간 그리움이 장마에 무너진 제방처럼 휩쓸려 내렸다.

　잘 알려지지 않아서 그렇지 세상에는 비정한 아버지도 많고, 평생 짊어져야 할 무게를 감당하지 못해 잘못된 선택을 하는 아버지도 많다. 아버지라고 해서 다 같은 아버지가 아니다. 그런 인식의 연장선상에서 볼 때, 난 참으로 복이 많은 사람이다. 그래서였을까. 아버지라는 이름만 들어도 가슴이 절절해지고 마음은 파도가 되어 출렁거린다.

나는 지금도 아버지라는 이름의 무게를 감당하지 못하고 쩔쩔매고 있다. 내 아버지는 그 어려운 시절을 어떻게 이겨내셨을까. 이제 아버지 나이가 된 내 얼굴에서 아버지가 보였다. 순간 그때 그 시절이 그리워 아버지의 굴곡진 삶의 편린片鱗을 추억이라는 보자기에 펼쳐 놓는다.

기사 쓰기

기사 이렇게 써라

　기사란 독자에게 보여주기 위한 목적으로 쓰는 글이다. 이에 따라 기자는 기사를 통해 핵심을 정확히 전달해야 한다. 최소한 자신의 기사로 인해 독자들이 가질 수 있는 오해를 불식시키고 독자들의 궁금증을 해소할 수 있도록 써야 한다. 읽히지 않는 기사는 종이조각에 불과하다. 그래서 기자는 기사를 쓸 때 지금 자신이 쓰고 있는 기사의 가치가 있는가에 대해 고민해야 한다.

　독자는 자신에게 도움이 되지 않는 기사라 생각하면 가차 없이 돌아선다. 그래서 기사를 쓸 때에는 독자들이 이미 알고 있는 내용은 과감하게 제거하고 새로운 팩트를 기사에 담아야 한다. 불필요한 내용까지 모두 담아내야 친절한 기사가 되는 건 아니다. 친절한 기사란 독자가 원하는 정보를 경제적으로 담아낸 기사다. 기사가 너무 짧거나 길면 거부감이 느껴진다. 그래서 기사는 독자가 보기에 적당한 분량이라는 느낌을 줘야 한다.

📝 준비가 필요하다.

신임기자들이 연수를 받을 때 가장 빈번하게 듣는 말이 좋은 기사 하나를 선정하여 송두리 채 암기하라는 말이다. 비슷한 주제의 기사를 써야 할 경우 그 기사를 활용하면서 기사를 작성한다면 많은 도움을 받을 수 있기 때문이다. 그럴 경우 참고자료를 펼칠 필요 없이 기사를 작성할 수 있다. 평소 기자는 자신이 통째로 암기한 기사를 활용하여 다양한 구성을 해 봄으로써 좋은 기사를 쓸 수 있다. 결국 글쓰기나 기사 쓰기도 모방에서 시작된다는 걸 고려하면 기사의 암기는 매우 중요한 일임에 틀림이 없다.

📝 시작이 중요하다

 기자란 자신이 쓰고 싶은 것을 기사화해서는 안 된다. 그것은 초보자가 범하는 실수다. 기자는 독자가 원하는 기사를 써야한다. 독자가 원하는 것을 추적하여 그걸 기사화해야 한다. 이를 위해 독자들의 눈높이에서 보고 생각해야 한다. 독자가 원하는 기사를 쓰려면 어떻게 해야 하는가. 정보의 홍수 속에 빠져 지내는 현대인은 기사 제목이나 앞의 문장 몇 개만 읽고 더 읽을 것인지 말 것인지 판단한다. 따라서 기사의 첫 단락에서 독자들을 유혹할 수 있어야 한다. 첫 단락은 읽은 독자가 기사를 끝까지 읽지 않고는 못 견디게 만들어야 한다. 기사 첫 단락에서 독자의 코를 꿰어야 한다는 말이다.

📝 기사, 소재 발굴에서 시작한다

 기자가 소재를 발굴하기 위해서는 사건 현장을 찾아서 확인하고 목격자를 만나 인터뷰를 해야 한다.

기사는 손끝이 아니라 발끝에서 나온다는 말이 있다. 기사는 엄밀한 사실을 다루고, 사실 관계가 어긋나면 신뢰도에 영향을 미치기 때문에 발품을 팔면서 풍부한 소재를 찾아야 한다. 소재가 많으면 많을수록 기사 쓰기가 쉬워진다. 반대로 소재가 부족하면 제대로 된 기사를 쓰기 어렵다.

쉬운 글로 써라

기사는 쉽게 써야 한다. 어려운 기사를 찾아 읽을 독자는 아무도 없다. 기사는 중학생이 읽고 이해할 수 있는 수준이 적당하다. 중학생이 이해할 수 있는 수준의 기사를 쓰려면 어려운 단어나 복잡한 문장은 쉽게 풀어써야 한다. 기사를 쉽게 쓰려면 '입말체'를 써야 한다. '글말체'를 '입말체'로 바꾸고 이해하기 힘든 '글말체'를 알기 쉽게 써야 한다. '글말체' 보다는 '입말체'가 훨씬 부드럽다. 예컨대 '입장을 표명해야 한다'를 '입장을 밝혀야 한다'로 쓰는 게 훨씬 좋다.

📝 필요한 내용만 담아라

 기자는 취재를 통해 얻은 소재 중에서 어떤 자료를 사용할 것인가를 판단해야 한다. 기사의 신뢰성을 높이기 위해 모든 소재 전부를 사용해서는 안 된다. 기자는 소재를 사용하는데 신중해야 한다. 신뢰도가 높지 않은 자료를 사용할 경우 기사의 신뢰성에 의문을 줄 수 있다. 그래서 기자는 기사를 작성하는데 필요한 소재를 취사선택해야 한다. 버려진 소재가 많을수록 좋은 기사가 될 가능성이 높다. 왜냐하면 남아있는 소재는 많은 소재 중에서 선택된 경쟁력 있는 소재이기 때문이다. 발품을 팔아 취재한 소재를 버리기란 쉽지 않다. 취재하는데 들인 시간과 노력이 크면 클수록 그 소재를 선택하고 싶은 욕망도 커진다. 그럼에도 취재에 들인 노력이 아깝더라도 소재의 선택은 기사 전체의 구성을 기준으로 해야 한다. 해당 소재가 정말 필요한 것인가는 그 소재를 활용하여 기사를 쓴 뒤, 그 단락을 삭제해 보면 알 수 있다. 그 소재를 삭제했는데도 기사가 괜찮다면 굳이 그 소재를 사용할 필요가 없다.

📋 사실을 조작하지 마라

　기사를 쓰다보면 소재의 빈곤을 느낄 때가 많다. 취재 시에는 충분한 소재를 확보했다고 생각했는데, 막상 기사를 쓰다 보니 자료의 부족을 느낄 때가 많다. 이를 방지하기 위해 취재 중에 자신이 취재한 내용을 확인하는 습관을 길러야 한다. 인터뷰를 한 경우나 목격자에 대해서는 반드시 연락처를 확보하여 차후에 대비해야 한다. 기사를 쓰는데 소재가 부족하다면 어떻게 해야 할까. 소재가 부족하다해서 가공이나 조작, 추정은 절대해서는 안 된다. 그것은 자신의 목을 스스로 옥죄는 행위나 다름없다. 진실과 정확성은 언론인이 가져야 할 가장 기본적인 태도다. 기자는 드러난 사실만을 기준으로 기사를 작성해야 한다. 자신의 신념이나 생각과 어긋난다고 해서 사실을 무시하거나 멋대로 해석해서는 안 된다. 추정이나 조작으로 기사를 부풀리거나 미화하다보면, 본래 의도했던 메시지는 사라지고 독자의 불신만 남는다는 걸 잊지 말자.

📝 이렇게 써라

 기사는 팩트다. 팩트란 실제 존재하거나 벌어졌던 일을 말한다. 팩트 가운데 대다수 독자에게 알려지지 않은 것이 정보다. 정보를 풀어놓는 방법에 따라 독자가 기사에서 어떤 메시지를 얻을 수 있느냐가 결정된다. 메시지는 팩트와 팩트가 짜임새 있게 기사화 될 때 형성된다. 마치 요리사가 요리를 할 때 필요한 재료와 양념을 준비한 뒤 순서에 따라 요리하는 것과 마찬가지다. 재료가 빠지거나 양념이 제대로 들어가지 않으면 요리가 제대로 되지 않는다. 기사도 필요한 요소가 들어가야 부실한 기사가 되지 않는다. 사실 관계는 하나의 문장뿐만 아니라 전체적으로 조화롭게 짜여야 한다. 그렇지 않을 경우 기사가 사실이 아니라고 생각할 수 있다. 많은 기사를 써봐야 좋은 기사를 쓸 수 있다. 먼저 스트레이트기사를 자주 써서 간결성과 명료성을 특징으로 하는 기본기를 익힌 다음, 르포나 기획기사 등으로 범위를 넓히는 게 좋다. 기사 쓰기 능력을 키우는 가장 좋은 방법은 많이 써보는 것이다.

기사는 두 가지다

기사를 두 가지로 분류하는 것은 기사에 논평이나 의견이 들어갔느냐의 여부에 따라 구분하는 방법이다.

스트레이트(Straight) 기사는 논평이나 의견을 포함하지 않고 어떤 사실을 있는 그대로 보도하는 기사를 말한다. 객관적인 뉴스 보도가 바로 스트레이트기사다. 전형적인 역삼각형 구조다. 스트레이트기사는 소재를 정직하면서도 논리가 정연하게 직설적으로 전달하는 기사다. 이 기사는 독자들에게 정보를 담은 새로운 현상이나 사건 등을 전달하는데 주로 쓰인다. 그래서 첫 문장에 해당 기사의 핵심내용을 언급하는 게 일반적이다. 스트레이트기사는 팩트의 연속이기 때문에 기사의 전개 속도가 빠르다. 때문에 대다수의 신문은 1면을 스트레이트기사로 채운다. 그것이 독자들에게 강한 인상을 심어줄 수 있기 때문이다. 스트레이트기사의 가장 큰 특징인 간결성과 명료성은 모든 기사의 특징이기도 하다. 스트레이트기사는 해설이나 의견이 아닌 사실만을 엮어서 기사의 줄거리를 만들기 때문에 피처기사에 비해 엄격하다. 스트레이트기사는 일반적으로 피처기사에 비해 영향력이 크다. 새로운 정보나 사실은 기자의 의견이나 해설보다 독자에게 깊은 인상을 주기 때문이다.

피처(feature) 기사는 크게 뉴스피처(news feature)와 비뉴스피처(non-news feature)로 나뉜다. 뉴스피처는 시사성과 연관이 있다. 사설 · 논설 · 칼럼 · 인터뷰 · 시사만평 · 영화평 · 르포 등이 뉴스피처에 속한다. 비뉴스피처란 시사성이 없는 서평 ·

낱말퀴즈·흥미성 만평·만화 등을 말한다. 피쳐기사의 가장 큰 특징은 '독자에 대한 유혹'이다. 피쳐기사는 스트레이트기사와 달리 직설적이지 않아 첫 문장에서 그 실체를 보여주는 일이 거의 없다. 또한 일화나 에피소드, 기묘한 사건으로 시작해 점차 사건을 일반화하거나 구체화한다. 본론은 서너 문장 뒤에 나온다. 본론이 나오더라도 하나씩 실체를 드러내는 기법이 주로 사용된다. 그것은 기사가 끝날 때까지 독자를 잡아두려는 의도다. 피쳐기사의 마지막 부분에는 독자에게 강력한 인상을 주는 문장이 등장하기도 한다. 피쳐기사의 구조는 스트레이트기사보다 복잡한 편이다. 기자는 구체적인 논평이나 의견을 분명하게 말하지 않았지만 복잡한 구조를 짜면서 메시지를 시도한다.

구성은 이떻게 하나

기사를 구성할 때에는 먼저 말하고자 하는 내용부터 살펴야 한다. 기사의 구성은 기사를 담는 그릇과 같다. 어떤 그릇을 사용할 것인가는 기사의 내용에 따라 달라질 수 있다. 첫째, 기사를 쓰기 전에 목록을 만든다. 이는 이 기사에 몇 개의 정보를 담을 것인가를 결정하는 일이다. 둘째, 처음과 마지막에 넣을 정보를 결정한다. 이는 스트레이트 기사로 쓸 것인지 아니면 피쳐기사로 쓸 것인지를 판단한 후 결정하면 된다. 셋째, 중간에 들어갈 정보를 정리한다. 처음과 마지막 기사를 제외한 나머지 정보를 고려한다. 넷째, 독자가 궁금해 하거나 질문할 만한 내용을 고려한다. 기사는 독자가 관심을 가질만한 내용을 중심으로 써내려가야 한다. 이를 위해 독자의 질문 목록을 만들어 보는 것도 좋다.

유의해야 할 사항

정보의 출처는 정확하게 밝히는 게 좋다. 예컨대 문희(75·주부) 씨는 "교통사고 현장에서 직접목격 했다."고 말했다. 이와 같이 이름과 나이, 직업까지 밝혀야 한다. 정보 제공자에 대한 신상정보가 자세할수록 독자의 신뢰감은 커진다.

인용은 기사에 힘을 실어준다. 그래서 인용을 할 때에는 내용을 그대로 옮겨 적어야 한다. 인용 당사자의 말이 너무 길어서 옮겨 적기 곤란할 때는 단어의 일부를 인용하거나 문장 속에 녹여 쓰는 경우도 있다.

숫자는 사실을 나타내는 것처럼 보이지만 오류를 범할 확률이 높다. 최근 통계자료의 기법이 자주 등장하고 있어 숫자에 대한 이해와 사용은 기사 쓰기의 필수요소가 되었다. 독자에게 잘못된 사실을 전달해서는 안 된다.

기사는 5W1H(육하원칙)에 따라 기사를 취재할 때 질문을 많이 해야 한다. 이는 기사에 필요한 정보가 갖춰야 할 요건이기도 하지만 기사의 질을 판단하는 요소이기 때문이다. 5W1H를 제대로 이해하고 있는 기자는 기사를 제대로 쓸 수 있는 자질을 갖춘 셈이다.

기사 쓰기 예시

스트레이트 기사

가는 세월 붙들고 싶다
– 어느 이산가족의 한 –

  이산가족 소식이 알고 싶을 때면 온다는 조보원(90·서울 중구 중림동) 씨가 지팡이에 몸을 의지한 채 19일 오후 대한적십자사 민원실에 들어섰다. 그는 힘에 부친 듯 의자에 앉자마자 "북에 두고 온 혈육만 생각하면 금방 가슴이 먹먹해 진다"며 혼잣말처럼 중얼거렸다.

  조 씨는 6·25전쟁 당시 부모·형제와 아내 그리고 두 딸을 북에 두고 국군을 따라 남하했다. "그때는 일주일만 지나면 다시 고향으로 돌아갈 줄 알고 단신으로 월남했다"며 주먹으로 가슴을 쳤다.

고향으로 돌아가지 못하고 군에 입대하여 6·25전쟁에 참전했다. 치열한 공방이 전개되던 금천지구전투에 참가하여 싸우다 적의 포탄 파편이 복부에 맞아 후송되어 오랜 투병 끝에 살아났다. 지난날을 회상하던 조 씨는 한동안 머리를 숙인 채 눈시울을 붉혔다.

그는 월남하여 7년 동안 북에 두고 온 혈육을 그리며 혼자 지냈다. 주위의 권유로 재혼하여 아들 둘을 낳아 분가시키고 지금은 아내와 둘이서 지낸다. "혼자 있을 때면 어김없이 북에 두고 온 혈육이 생각난다"며 그리움에 목이 멨다.

아흔을 넘긴 조 씨는 "이제 북에 두고 온 혈육을 만날 수 있는 시간이 얼마 남지 않았다"며 무심한 세월을 원망했다. 그는 "사랑했던 아내와 딸을 만날 수 없다는 생각만 하면 마음이 심란해 진다"며 몇 번이나 지팡이를 바닥에 두드렸다.

무슨 생각이 떠올랐는지 갑자기 지갑을 꺼내 든 그는 빛바랜 종잇조각 하나를 조심스럽게 펼쳐 보였다. 2000년 6월 16일 신청한 이산가족 접수증이었다. 14년이 지나 이제는 너덜거리는 접수증을 버리지 못하고 고이 접어 다시 지갑에 넣었다.

"나이가 많다 보니 하루하루가 너무 소중하다. 어떻게 하든 북에 두고 온 혈육을 한 번만이라도 만나봤으면 지금 죽어도 소원이 없겠다"며 안타까움을 토로했다. "질주하는 저 세월을 붙들어 놓을 수 있으면 마냥 붙들어 놓고 싶다"는 조 씨의 말이 긴 여운을 남겼다.

피쳐기사(포토뉴스)

새해 아침을 여는 주문진의 아침
– 소원을 비는 사람들의 희망 메시지 –

 아직 어둠이 채 가시지 않은 동해안 주문진 해변엔 새해 아침의 일출을 감상하기 위해 몰려든 사람들로 인산인해를 이뤘다.
 잠시 후, 검푸른 바다 건너에서 수줍은 듯이 태양이 얼굴을 내밀자 사람들의 환호성이 터져 나왔다.
 두 손을 곱게 모으고 소원을 비는 사람들의 마음속에 희망의 메시지가 아침 햇살 속에 담겼다.

피쳐기사(칼럼)

나이를 먹는다는 것은 아름다운 일이다

 나이란 싫다고 먹지 않을 수 있는 것도 아니지만, 그렇다고 먹은 나이를 반납할 수 있는 것도 아니다. 세계에서 그 유래를 찾아보기 힘들 정도로 빠르게 고령사회로 진입하고 있는 우리 사회에서 어떤 삶이 아름다운 삶인지 한 번쯤 생각해 봐야 한다.

 실버들이 있는 곳에는 특유의 비릿한 역겨운 냄새가 코를 찌른다. 그러한 냄새는 노인정이나 실버들이 많은 곳에서는 비켜갈 수 없는 현상이다. 그 원인은 신체노화에 따른 신진대사 능력이 떨어져 노폐물의 배출이 활발하지 못하기 때문이다.

냄새를 근본적으로 제거하는 방법은 없다. 하지만 냄새를 줄이는 방법은 목욕용 화장품이나 비누를 이용하여 몸을 자주 씻고, 옷을 갈아입거나 환기를 통해 가능하다.

나이가 들수록 매사가 귀찮아 지게 마련이다. 씻는 것조차도 쉽지 않은 이유가 여기에 있다. 하지만 그런 이유만으로 주변 사람들에게 불편을 주는 것은 실버들이 가져야 할 올바른 태도가 아니다. 자신의 건강은 물론, 주변 사람들에게 불쾌감을 주지 않기 위해 운동한 후에는 반드시 몸을 씻는 것을 습관화해야 한다.

부주의한 건강관리로 자식들에게 부담을 주어서는 안 된다. 그런 최악의 상황에 직면하기 이전에 자신의 건강은 스스로 책임져야 한다. 마음만 먹으면 주변에 널려있는 운동시설을 활용하여 얼마든지 건강을 관리할 수 있다. 게으른 사람은 자신의 건강을 챙기기도 쉽지 않다.

　나이가 많아질수록 자신이 하고 싶은 일을 하면서 살아야 한다. 신정동에 사는 예순 다섯이 된 이균환 씨는 한국폴리텍대학 전기과에 합격하여 손자·손녀 같은 젊은이들과 함께 열심히 공부하고 있다. 이 씨는 "노인정에서 시간을 보내기엔 자신에게 남겨진 시간이 너무 소중하다"고 했다.

　100세 시대를 목전에 두고 있는 실버들이 나이를 핑계로 게으름을 피우거나 자신에게 투자를 소홀히 해서는 안 된다. 올해 아흔둘이 된 박정희(인천) 할머니는 지난 3월 열한 번째 수채화 전시회를 가졌다. 박 씨는 "그림을 그리는데 나이는 아무런 걸림돌이 되지 않는다"며 "나이를 먹을수록 자신이 하고 싶은 일을 하면서 살아야 한다"고 주장했다.

나이는 숫자에 불과하다는 말을 몸으로 실천하는 이균환 씨나 박정희 씨의 아름다운 삶이야말로 우리의 젊은이들에게 '나이를 먹는다는 것이 얼마나 아름다운 일인지' 보여주고 있다.

특히 대중교통을 이용할 때도 자리를 양보 받았으면 그 대상이 누구이든 간에 고마움을 표현할 줄 알아야 한다. 자리를 양보 받은 것을 당연하게 생각해서는 안 된다. 작은 것 하나에도 감사하는 마음을 가질 때, 나이를 먹는다는 것이 아름답게 느껴지지 않을까 싶다.

김종화의 글쓰기 Tip

초판 인쇄   2023년 12월 11일
초판 발행   2023년 12월 14일

지은이 김종화
발행인 임수홍
디자인 맹신형

발행처 한국문학신문
주 소 서울 강동구 양재대로 114길 32 2층
전 화 02-476-2757~8   FAX 02-475-2759
카 페 http://cafe.daum.net/lsh19577
E-mail kbmh11@hanmail.net

값 10,000원

ISBN 979-11-90703-79-6

· 저자와의 협약에 의해 인지는 생략합니다.
· 이 책의 글은 저작권법에 따라 보호를 받는 저작물이므로 저자와 출판사의 동의 없이는 무단 전재 및 무단 복제를 금합니다.

· 잘못된 책은 바꾸어드립니다.